BEI GRIN MACHT SICH IH... WISSEN BEZAHLT

- Wir veröffentlichen Ihre Hausarbeit, Bachelor- und Masterarbeit

- Ihr eigenes eBook und Buch - weltweit in allen wichtigen Shops

- Verdienen Sie an jedem Verkauf

Jetzt bei www.GRIN.com hochladen und kostenlos publizieren

Sabrina Stiller

Analyse des Content-Management-Systems "Weblication"

GRIN Verlag

Bibliografische Information der Deutschen Nationalbibliothek:

Die Deutsche Bibliothek verzeichnet diese Publikation in der Deutschen National-
bibliografie; detaillierte bibliografische Daten sind im Internet über http://dnb.d-
nb.de/ abrufbar.

Impressum:

Copyright © 2010 GRIN Verlag, Open Publishing GmbH
Druck und Bindung: Books on Demand GmbH, Norderstedt Germany
ISBN: 978-3-640-74366-7

Dieses Buch bei GRIN:

http://www.grin.com/de/e-book/160902/analyse-des-content-management-systems-
weblication

GRIN - Your knowledge has value

Der GRIN Verlag publiziert seit 1998 wissenschaftliche Arbeiten von Studenten, Hochschullehrern und anderen Akademikern als eBook und gedrucktes Buch. Die Verlagswebsite www.grin.com ist die ideale Plattform zur Veröffentlichung von Hausarbeiten, Abschlussarbeiten, wissenschaftlichen Aufsätzen, Dissertationen und Fachbüchern.

Besuchen Sie uns im Internet:

http://www.grin.com/

http://www.facebook.com/grincom

http://www.twitter.com/grin_com

Hausarbeit

Analyse des Content Management Systems „Weblicaton"

Datum: 15.07.2010

Inhaltsverzeichnis

1. Fakten zu Weblication®

Das Content Management System Weblication® ist eine kostenpflichtige Software, die von der Scholl Communications AG entwickelt und ausgebaut wurde. Derzeit zählen rund 10.000 Firmen zum Kundenstamm. Die Produktpalette des Weblication® CMS bietet ein umfassendes Angebot an Web-Software und Web-Anwendungen für kleine, mittlere und große Unternehmen und ist für unterschiedliche Aufgaben und Projektgrößen geeignet. Derzeit stehen 3 Versionen zu Verfügung: Das Weblication® CMS, Weblication® Core und Weblication® GRID ([o. Verf.] 2010). Ein Merkmal aller Versionen ist die einfache Benutzeroberfläche sowie die Modularität von einzelnen Elementen. Für das in der plattformunabhängigen Scriptsprache Perl erstellte Weblication® wird ein konfigurierter Webserver[1], die Datenbank MySQL, einige Perl-Module sowie beim Einsatz von XML/XSLT und Intranet-Anwendungen, die Scriptsprache PHP benötigt ([o. Verf.] 2010g).

1.1 Produktübersicht

Das Weblication® CMS bietet ein System für den Aufbau und die Pflege von kleinen bis großen Web-Projekten an. Es stehen 3 Anwendungen zur Auswahl: Light, Classic und Cityweb. Die Light-Version ist für kleine Firmen und Web-Dienstleister geeignet und ermöglicht das Implementieren und Pflegen kleiner Web-Auftritte in bereits bestehende Websites. Das Weblication® CMS Classic ist zum schnellen und einfachen Erstellen und Verwalten von dynamischen Web-Auftritten geeignet und wird daher für Fachabteilungen in Konzernen sowie IT- und Web-Dienstleistern empfohlen. Das Weblication® CityWeb schafft professionelle eGovernment Lösungen für Gemeinden, Städte und Kreise in Internet und Intranet. Der Aufbau und die Pflege barrierefreier Bürgerportale erfordert hierbei keinerlei Fachwissen.

Das Weblication® CMS CORE ist ein XML-Content-Management-System[2], das Maßstäbe im Bedienungskonzept setzt und zum schnellen Aufbau und der Ver-

---

[1] Es werden Apache ab 1.3.9 oder IIS 5.0/6.0 unterstützt

[2] Extensible Markup Language (XML) ist ein universelles Dateiformat, um textbasierte, hierarchisch aufgebaute Daten zu erfassen

waltung von Internet-Projekten dient. Die Benutzeroberfläche ermöglicht das Erstellen kompletter Web-Projekte ohne Programmierungskenntnisse und bietet Entwicklern die Möglichkeit, ihre Projekte durch die W3C-Standard-Technologie[3] individuell anzupassen und zu erweitern. Das Weblication® CMS CORE bietet zwei Anwendungen: Basis und Professional. Neben den Basisfunktionen bietet die Professional-Version ein integriertes Sprachmanagement und wird daher für mittelständische Firmen, KMUs, Fachabteilungen in Konzernunternehmen sowie IT- und Web-Dienstleister empfohlen.

Das Weblication® GRID ist ein XML- Content-Management-System für den Aufbau und die Verwaltung von Websites, Extranets, Intranets und Portalen, basierend auf den Scriptsprachen XML, XSLT, XPATH und PHP. Es zeichnet sich durch eine hohe Benutzerfreundlichkeit aus und ist für Konzerne, IT- und Web-Dienstleister sowie Werbeagenturen geeignet. In Weblication® GRID hat man im Gegensatz zur normalen Version festgelegte Projekte. Dadurch ist es einfacher mehrere Präsenzen mit einer Weblication® Lizenz zu pflegen und auseinander zu halten. Die aktuelle Version ist Version 4.8.12 Beta, weshalb sich diese Hausarbeit ausschließlich auf die Funktionen der aktuellen Version 4.8.11 des Weblication® GRID Enterprise bezieht ([o. Verf.] 2010a).

2. Die Weblication® Benutzeroberfläche

Das Weblication® GRID Enterprise besteht aus einem Frontend und einem Backend. Das Backend stellt die Verwaltungsoberfläche dar und ermöglicht die Bearbeitung von Projekten, die Installation neuer Projekte, Templates und Weblics[4] sowie die allgemeine Systemverwaltung. Nach dem Login erscheint eine klar definierte Benutzeroberfläche, die sich in drei Bereiche aufteilt: Die Aministrationsleiste (1), die Verzeichnisstruktur (2) und der Arbeitsbereich(3) ([o. Verf.] 2010f: 7)

---

[3] Hierzu zählen HTML, XHTML, XML, RDF, OWL, CSS, SVG und WCAG

[4] Fertig konfigurierte und sofort einsetzbare (Ready-to-Run) Web-Anwendungen für Web-Projekte

Abbildung Backend ([o. Verf.] 2010f: 7)

Im System werden öffentliche Benutzer, Pflegebenutzer und Administratoren unterschieden. Einem Pflegebenutzer werden nur die Funktionen angezeigt, auf die er eine Rechtevergabe erhalten hat. Zum redaktionellen Arbeiten stehen ihm diverse Werkzeuge zu Verfügung. Zu den öffentlichen Benutzern zählen Kunden und Partner. Diese haben keinen Zugriff auf das Backend und werden stattdessen sofort auf die durch einen Login geschützte Web-Präsenz umgeleitet. Der Administrator hingegen hat vollen Zugang auf alle Menüpunkte und besitzt alle Rechte ([o. Verf.] 2010b).

Abbildung (o. Verf.] 2010g)

Die Administrationsleiste beinhaltet alle Funktionen zur Verwaltung der Website. Hier können diverse administrative und allgemeine Einstellungen vorgenommen werden. Neben dem Button *Abmelden*, befinden sich dort weitere wichtige Funktionen. Die Suchfunktion dient der Suche innerhalb einer internen Verzeichnisstruktur. Über *Templates/ Layout/ Implementierung* kann das Design bearbeitet, sowie neue Templates erstellt werden. Über den Punkt *Weblics/ Anwendungen/ Inhalte* können kostenfreie sowie kostenpflichtige Anwendungen innerhalb einer lizensierten Domain installiert werden. Formulare, Gästebücher oder Linklisten lassen sich somit ganz einfach zu einer Web-Präsenz hinzufügen. In der Bild- und Mediadatenbank können sämtliche Media-Dateien der lizensierten Domain verwaltet werden und sind beim Anlegen neuer Inhalte sofort verfügbar. In der Navigationsverwaltung legt der Administrator neue Navigations-Konfigurationsdateien an, bearbeitet bestehende oder löscht diese. Jede Konfigurationsdatei wird mit einer Syntax versehen (xxx.wNavigation.xml), die beim Aufruf in einer Präsenz als Parameter angesprochen wird und über das zugewiesene Template in der Web-Präsenz ausgegeben wird.

Der persönliche Bereich wird nach dem Öffnen des Backend immer als erstes im Arbeitsbereich angezeigt. Dem Benutzer werden jedoch nur die Bereiche angezeigt, für dessen Rechte ihm der Administrator Zugang erteilt hat. Aktuelle Systeminformationen, in Bearbeitung befindliche Dateien sowie persönliche Verzeichnis-Favoriten werden im persönlichen Bereich aufgeführt. Dem Benutzer steht neben einer Kalenderfunktion auch ein persönlicher Mail-Account zu Verfügung, der das Versenden und Empfangen interner sowie externer Mails ermöglicht. Ebenso ist es möglich, persönliche Aufgaben zu verwalten und zu erstellen und diese mit einer entsprechenden Priorität zu versehen. Eine weitere Funktion im persönlichen Bereich ist der Newsletter. Hier können persönliche sowie öffentliche Newsletter erstellt, bearbeitet und versendet werden.

Im administrativen Bereich können Zugriffs- und Bearbeitungsrechte für einzelne Nutzer oder Gruppen vergeben und weitere Systemeinstellungen, wie z.B. Mailservereinstellungen und grundlegende Konfigurationsoptionen, eingestellt werden.

In der Konfiguration kann der Administrator Einstellungen vornehmen, die alle Benutzer der Präsenz betreffen. Dies umfasst allgemeine Editor- und Email--Einstellungen, Einstellungen zur Benutzerregistrierung sowie die Darstellung der Buttons und Layer innerhalb einer Präsenz. Der Administrator hat hier ebenfalls die Möglichkeit, verschiedene Datenbanken zu verknüpfen und Verbindungsprofile herzustellen und zu verwalten. Über die Lizenzverwaltung legt er den Lizenzschlüssel fest und kann diesen bei einer

Umlizensierung auf eine andere Domain entsprechend ändern. In der Benutzer-verwaltung werden öffentliche Benutzer und Pfle-gebenutzer angelegt und verwaltet sowie entspre-chende Zugriffsrechte vergeben. In der Gruppen-verwaltung kann der Administrator neue Gruppen, wie z.B. Redakteure oder Kunden, anlegen sowie bestehende bearbeiten und diesen den Status Pfle-gebenutzer oder öffentliche Benutzer zuweisen. Die Profilverwaltung ermöglicht das Anlegen neuer Be-nutzerrollen und bietet die Möglichkeit, neue Profile anzulegen und bestehende zu bearbeiten. So wer-den jeweils einem Benutzer oder einer Gruppe Rechte auf Abbildung: ([o. Verf.] 2010f)   Datei- und Verzeichnisebene zugewie-sen. Ebenso kann der Administrator Sprachbereiche definieren, neue Newsletter-Empfängerlisten anlegen und bearbeiten, WYSIWYG-Profile definieren und Temp-lates bearbeiten ([o. Verf.] 2010g). Unterhalb der Administrationsleiste befindet sich die Verzeichnisstruktur, in der die lizensierte Domain sowie alle dazugehöri-gen Verzeichnisse der Präsenz aufgelistet sind. Über die Verzeichnisstruktur er-folgt je nach Berechtigung der Zugriff auf die Verzeichnisse und Dateien der Prä-senz und es können allgemeine Einstellungen vorgenommen werden. Dies gilt für die Inhalte sowie Optionen der Dateien und Verzeichnisse. Einem Benutzer mit Pflegerechten, werden unterhalb der Verzeichnisstruktur nur die Verzeichnisse angezeigt, auf die er Zugriff hat ([o. Verf.] 2010f: 9).

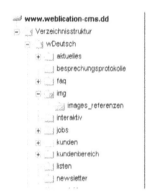

3. Das Erstellen von Content

Um Content zu erstellen und zu bearbeiten steht dem Benutzer im Frontend ein WYSIWYG[5]-Editor mit weiteren Funktionen zu Verfügung, was die Bearbeitung direkt auf der Website ermöglicht. Je nach verfügbaren Rechten kann grundsätz-lich jede Datei von einem Redakteur bearbeitet werden. So können Redakteure innerhalb kürzester Zeit Inhalte in WYSIWYG-Feldern bearbeiten und per Drag & Drop beliebig an die gewünschte Position verschieben. Nach dem Einloggen in

---

[5] What You See Is What You Get

7

das System stehen dem Redakteur zwei Funktionen zum Bearbeiten von Inhalten zu Verfügung. Die Browse und Edit-Funktion sowie über die Funktion *Inhalte verwalten*.

3.1 Browse und Edit

Der Editor ist das Hauptwerkzeug für Redakteure und stellt dem Pflegebenutzer mit seiner Browse & Edit-Funktion diverse Quick-Edit Buttons für eingebundene Bereiche zu Verfügung. Mit nur einem Klick können die Navigation und Inhalte erstellt, bearbeitet und gelöscht sowie Meldungen über Twitter veröffentlicht werden. Wie in der Live-Version der Website kann sich der Benutzer durch einzelne Seiten navigieren und mit einem Klick auf *Diese Seite bearbeiten* in den Editor-Bereich gelangen.

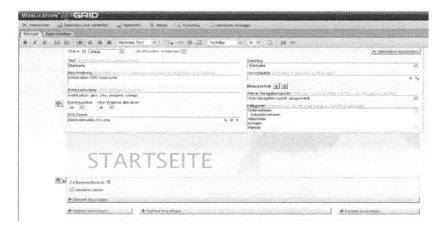

Da die Suchmaschinenoptimierung heutzutage eine große Rolle spielt, ist es wichtig, die Seiten der Webpräsenz diesbezüglich zu optimieren. Das Weblication® bietet über eine Metadatenmaske die Möglichkeit, Seitentitel (meta-Tag title), Beschreibungstext (meta-Tag description) und Schlüsselwörter (meta-tag keywords) anzugeben sowie die Kategorienzuordnung und Zuweisung zu einem Navigationspunkt auszuwählen. Neben jedem Seitenelement befindet sich ein Browse & Edit-Button, der das Arbeiten mit dem Struktureditor ermöglicht. Der Struktureditor

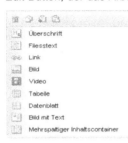

ermöglicht dem Benutzer Inhalte mit vorgefertigten Elementen zu erstellen, Elemente zu duplizieren, per Drag and Drop zu verschieben oder zu löschen. Zu den Strukturelementen zählen Überschriften, Bilder, Videos Textfelder mit WYSIWYG-Funktionen, aber auch komplexe Funktionen, wie Tabellen, Datenblätter und mehrsprachige Inhaltscontainer.

Um ein neues Inhaltselement anzulegen, genügt ein Klick auf die Schaltfläche *Element hinzufügen* und anschließend kann zwischen den zuvor genannten Strukturelementen gewählt werden. Wenn ein Element die Texteditor-Funktion voreingestellt hat, kann dieses mit dem WYSIWYG-Editor bearbeitet werden.

Texte lassen sich beliebig formatieren und mit Tabellen, Link- und Bildelementen gestalten. Um ein Bild in einen Text einzufügen, muss dies zunächst über die Verzeichnisstruktur hochgeladen werden, welche über *Inhalte verwalten* oder direkt über die *Bild-Pfadsuche* erreicht wird.

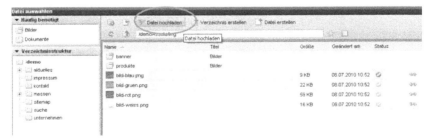

Im darauffolgenden Pop-Up muss zunächst ein Verzeichnis ausgewählt werden. Über die Schaltfläche *Datei hochladen* wird die Datei ausgewählt und in gewünschter Bild/Text-Formatierung auf den Server geladen. Wenn Änderungen an einer Inhaltsseite verworfen werden sollen, kann dies über den Button *Abbrechen* geschehen ([o. Verf.] 2010i]).

3.2 Inhalte verwalten

Eine weitere Möglichkeit, neue Inhalte zu erstellen und diese zu bearbeiten ist über den Button *Inhalte verwalten* möglich, wodurch sich die Verzeichnisansicht im Verzeichnis der aktuellen Datei öffnet. Falls der Redakteur keine Ansichtsrechte besitzt, wird auf das darüber liegende Verzeichnis zugegriffen. Über die Verzeichnisansicht können schnell und übersichtlich neue Verzeichnisse und Daten erstellt und bearbeitet werden.

Um einen neuen Navigationspunkt zu erstellen, muss in der linken Verzeichnisstruktur zunächst das Hauptverzeichnis ausgewählt werden (demo). Im rechten Bereich sieht man nun alle Verzeichnisse und Dateien, die dem ausgewählten Verzeichnis zugehören. Über die Schaltfläche *Verzeichnis erstellen* öffnet sich ein Pop-Up, das je nach Verfügbarkeit Vorlagen für neue Verzeichnisse anbietet.

In der Regel wird bereits in der Vorlage definiert, welche Eigenschaften die daraus erstellte Datei haben soll. In diesem Fall ist nur eine Standardvorlage hinterlegt. Nachdem das Verzeichnis betitelt wurde, kann es bestätigt werden und ist nun in der linken Verzeichnisstruktur als neuer Navigationspunkt zu finden. Um Standarddatei- sowie Verzeichniseinstellungen vorzunehmen, stehen zwei Buttons in der oberen Leiste zu Verfügung. Über die Standarddateieinstellungen können

Meta-Tags hinzugefügt sowie der aktive Navigationspunkt des Verzeichnisses bestimmt werden. Über die Verzeichniseinstellungen können, je nach Rechtevergabe, die Größe hochgeladener Dateien begrenzt werden, Titel hinzugefügt und Verzeichnisse gesperrt werden. Dem soeben erstellten Verzeichnis können nun beliebig viele Unterverzeichnisse und Dateien hinzugefügt werden. Über die Schaltfläche *Datei erstellen* wird dem neu erstellten Verzeichnis nun ein Inhaltselement hinzugefügt.

Hier werden ebenfalls Vorlagen für neue Inhaltselemente angeboten, deren Eigenschaften auf die neuen Dateien vererbt werden. Es wird nun ein Formular in die Web-Präsenz eingefügt. Anschließend öffnet sich die Browse & Edit Funktion, in der das Kontaktformular bearbeitet werden kann. Über Speichern und Schließen bestätigt man die vorgenommenen Änderungen und gelangt in die Verzeichnisübersicht   zurück.

Name ▲	Titel	Größe	Geändert am	Status
index.php		13 KB	06.08.2010 20:11	
Supportanfrage.php		13 KB	06.08.2010 20:1	

Um das neu erstellte Inhaltselement für andere sichtbar zu machen, wird dies mit einem Klick auf das Offline-Symbol online geschaltet.

4. Bewertung

Bei der Bewertung eines Web-Content-Management-Systems spielen mehrere Faktoren eine große Rolle: die Bedienung des Systems, die Kosten, die Dokumentation, die Systemanforderungen, der Funktionsumfang, die Suchmaschinenoptimierung sowie die Plattformunabhängigkeit und vieles mehr ([o. Verf.] 2010h). So muss berücksichtigt werden, wie der Pflegebenutzer mit dem Erstellen und Verwalten von Dateien zurechtkommt sowie der Administrator, der für die Konfiguration und Struktur der Website verantwortlich ist. Im folgenden Kapitel liegt der Fokus auf den prägnantesten Stärken und Schwächen des Weblication® GRID Enterprise.

4.1 Stärken

Suchmaschinenoptimierung

Zur Suchmaschinenoptimierung bietet Weblication® integrierte SEO-Werkzeuge an, die bei der Pflege der Webpräsenz genutzt werden, um suchmaschinenoptimierte Inhalte zu erstellen. Durch die Integration von Analyse-Werkzeugen wie Econda, Etracker oder Google Analytics werden wichtige Daten übermittelt. Als Redakteur erhält man in der Detailansicht jeder Seite eine Echtzeitansicht des Rankings der eingegebenen Suchbegriffe sowie die Anzahl der Besucher, die über Google auf die Webpräsenz gestoßen sind. Hierzu wird automatisch eine Statistik erstellt, welche die Anzahl der Klicks und Seitenaufrufe grafisch darstellt. Die Positionierung der einzelnen Seiten kann mit dem Google-Keyword-Tool optimiert werden, da es die Schlüsselwörter auflistet, bei denen sich eine Optimierung lohnt. SEO relevante Parameter, wie z.B. Schlüsselwörter, Dateinamen, Dateipfade, Seitentitel und Alternativtexte können von den Redakteuren ohne großen Aufwand gepflegt werden (Bartelt 2010).

12

Barrierefreiheit

Weblication® CORE und GRID unterstützen den Aufbau barrierefreier Websites. Barrierefreiheit bedeutet, dass auch User mit Seh-, Hör- oder motorischer Behinderung Websites uneingeschränkt nutzen können. Bei der Erstellung von Templates gibt es keine Vorgaben, wodurch es Agenturen möglich ist, barrierefreie Templates zu entwickeln. Redakteure haben ebenso die Möglichkeit valide Seiten und Formulare zu erstellen und werden vom System geblockt, sobald wichtige Pflichtfelder, wie z.B. ALT-Tags bei Bildern, nicht ausgefüllt wurden (Sutter 2010).

Klick-Analyse

Im Frontend besteht die Möglichkeit, für jede einzelne Seite einer Webpräsenz eine Klick-Analyse durchzuführen. Durch farbliche Hervorhebung erhält man einen

schnellen Überblick, welche Seiten besonders intensiv von Usern geklickt wurden und hat somit die Möglichkeit die Interessen der User kennenzulernen und seine Webpräsenz entsprechend zu optimieren (Sutter 2010).

Weblics

Weblics sind fertige Webanwendungen, die einen schnellen Aufbau eines Web-Projektes ermöglichen. Sie können über die Benutzeroberfläche ohne Programmierungskenntnisse eingesetzt und individuell konfigurieren werden. In Typo 3 sind solche Anwendungen als Extensions bekannt, welche jedoch meist noch aufwendig angepasst werden müssen. Die Scholl Communication GmbH stellt kostenfreie sowie kostenpflichtige Weblics zu Verfügung, die meist plattformunabhängig genutzt werden können. So können mit nur einem Klick Gästebücher, Kontaktformulare, Kalender, Shop-Funktionen, Suchformulare oder Foren in die Website integriert werden. Werden Erweiterungen benötigt, können diese individuell angepasst programmiert werden (Mayer 2010).

WYSIWYG-Editor

Da viele Benutzer keine HTML-Kenntnisse besitzen, stellt die Arbeit mit einem WYSIWYG-Editor einen großen Vorteil dar. Der Redakteur sieht bereits beim Schreiben, wie das Ergebnis auf der Website aussehen wird. Texte können beliebig formatiert werden und Inhaltselemente lassen sich mit Bildern, Tabellen und Links ausstatten. Typo 3 bietet ebenfalls mehrere WYSIWYG-Editoren an.

Browse & Edit

Wie bereits erwähnt, ermöglicht die Browse & Edit-Funktion das Erstellen und Bearbeiten von Content direkt in der Live-Ansicht der Webpräsenz, ohne auf das Backend zurückgreifen zu müssen. Alle Funktionen zur Redaktion, Bearbeitung und Speicherung von Inhalten werden über die Website direkt navigiert und bedient. Somit wird auch Nutzern ohne HTML-Kenntnissen ermöglicht, die Präsenz zu pflegen und zu verwalten. Dies stellt einen Vorteil gegenüber Typo 3 dar, denn diese Funktion wird dort nicht angeboten.

Suchfunktion

Die von Weblication® angebotene Volltextsuche ist im vollen Umfang in der Enterprise Version enthalten. Durch das indizierbare Suchverfahren greift das System auf den Index einer Textdatei zurück, wodurch Formate wie HTML und ASCII-sowie PDF-, Word- und Excel-Dokumente gezielt gefunden werden können. Der Indizierungslauf kann manuell oder zeitgesteuert durchgeführt werden. Für die Suchmaschinen- und Benutzerfreundlichkeit einer Seite sind neben der Volltextsuche auch verständliche und kurze URLs sehr wichtig. Hierzu nutzt Weblication® das Apache-Modul mod_rewrite. Dabei schreibt das Apache-Modul die physikalische URL zur Laufzeit in die gewünschte URL um ([o. Verf.] 2010c).

4.2 Schwächen

Struktur im Backend

Durch den vollen Funktionsumfang und den vielen nützlichen Features, steigt auch die Komplexität des Systems. Die Administratorenleiste sowie der Administrationsbereich im Backend bieten eine große Auswahl an Funktionen und erschweren somit die Übersichtlichkeit. Ungeübte Benutzer müssen sich erst in das Handbuch einlesen, um die gewünschten Konfigurationen durchzuführen.

Kosten

Im Gegensatz zu Weblication® CORE oder Classic, bietet die Enterprise-Version einen großen Funktionsumfang. Die Vorteile dieser Version liegen zum Beispiel in der Versionenverwaltung, mit der frühere Versionen, unter Beibehaltung der Urversion, wieder hergestellt werden können. Ebenso ist hier eine interne Volltextsuche enthalten, die in umfangreichen Projekten das Auffinden von Dokumenten und Dateien innerhalb einer Verzeichnisstruktur erleichtert. Je nach gewünschten Features können weitere Optionen hinzu gebucht werden. Mit einem Preis von rund 19.980 Euro gehört Weblication® Enterprise zu der Kategorie der teuren Content Management Systeme. Die Support- und Softwarepflege ist optional hinzu buchbar und gegen eine jährliche Gebühr von 15% vom Lizenzpreis erhältlich ([o. Verf.] 2010j).

Fazit

Das Weblication® GRID Enterprise 4.8.11 erfüllt viele Anforderungen, die an ein kommerzielles Content-Management-System gestellt werden. Während bei Open-Source-Software, wie Typo3, die Bedürfnisse von Entwicklern im Vordergrund stehen, richten sich kommerzielle Content-Management-Systeme nach den IT-Kenntnissen der Redakteure, die meist weit unter denen der Entwickler liegen. Die Produktentwicklung erfolgt deshalb nicht in erster Linie aus technischer Sicht, sondern zielt auf die Prozessoptimierung sowie Kostenreduzierung ab.

Wenn die Entwicklungskosten niedrig gehalten werden sollen, die Pflege von Redakteuren mit geringen IT-Kenntnissen durchgeführt werden muss und die Projektumsetzung schnell erfolgen soll, dann ist ein kommerzielles CMS wie Weblication® die sinnvollste Wahl. Die Gesamtkosten eines Projektes sind geringer, da sich Zusatzmodule einfach implementieren lassen und die Einarbeitungszeit der Redakteure durch die einfache Handhabung kürzer ausfällt ([o. Verf.] 2010d). Bei der Enterprise-Version müssen jedoch zunächst hohe Lizenzkosten investiert werden. Jedoch können mit nur einer Lizenz beliebig viele Projekte pro Kunde umgesetzt werden.

Auf Grundlage der analysierten Stärken und Schwächen lässt sich sagen, dass Weblication® Enterprise ein umfangreiches und innovatives Content Management Systems ist, das sich für mittlere bis große Projekte eignet. Auf Grund der Versionierungs-Funktion eignet sich das Weblication® Enterprise hervorragend für dezentralisierte Unternehmen mit vielen Redakteuren. Inhalte, Dokumente und Media-Daten werden automatisch versioniert und revisionssicher gespeichert.

Durch die Trennung von Layout und Inhalt kann Content zentral gepflegt und dezentral verwaltet werden wodurch Layout- und Strukturänderungen während des laufenden Betriebs durchgeführt werden können. Im Gegensatz zu älteren Versionen, wurde die Benutzeroberfläche des Backend mit der Version 4 umstrukturiert und deutlich verbessert. Nach dem Einloggen erscheint der persönliche Bereich, indem der User eine Übersicht nützlicher Inhalte wie E-Mails, To-Dos, Adressbücher und Kalender erhält. Ebenso wurde die Seitennavigation verbessert, was das Erstellen von Templates und das Verwalten einzelner Projekte erheblich vereinfacht ([o. Verf.] 2010f).

Im Vergleich zu Typo 3 ist Weblication® von den Funktionen her gleichwertig anzusiedeln. Da es sich um ein Open-Source-CMS handelt, fallen bei Typo3 jedoch keine Lizenzgebühren an. Zusammenfassend lässt sich sagen, das Weblication® GRID Enterprise sämtliche Funktionen bietet, die für ein großes Projekt benötigt werden. Die Bedienung für Redakteure ist selbsterklärend und so können Web-Projekte innerhalb kürzester Zeit realisiert werden.

Literaturverzeichnis

1. Bartelt, Achim 2010: Google™ Ranking direkt im CMS überwachen. http://devblog.weblication.de/blog/suchmaschinen-ranking-ueber-das-cms-pruefen.php [Stand: 11.05.2010; Abruf: 15.07.2010]

2. Mayer, Ulf 2010: Weblics. http://weblication-tipps.de/weblics/ [Stand:N.N.; Abruf: 15.0.2010]

3. Sutter, Heidi 2010: Weblication CMS Blog http://blog.weblication.de/blog/ [Stand: 27.05.2010; Abruf: 27.07.2010]

4. [o. Verf.] 2010: Scholl Communications AG http://www.weblication.de/start/unternehmen_profil.php [Stand:N.N.; Abruf: 15.07.2010]

5. [o. Verf.] 2010a: Produkte. http://www.weblication.de/start/produkte.php [Stand: N.N.; Abruf: 15.07.2010]

6. [o. Verf.] 2010b: Weblication Grid Whitepaper http://www.gotomedia.de/web/img/pdfs/Whitepaper_GRID.pdf [PDF-Datei] [Stand:06/2007; Abruf: 27.07.2010]

7. [o. Verf.] 2010c: So schreiben sie die URL mit Hilfe einer rewrite um: http://dev.weblication.de/wDev/knowledgebase/articles/20050329_artikel_url_umbenennung_modrewrite.php [Stand: N.N.; Abruf: 27.07.2010]

8. [o. Verf.] 2010d: Open Source oder kommerzielle CMS-Systeme http://www.lupcom.de/content-management-OpenSource-weblication.html [Stand: N.N.; Abruf: 27.07.2010]

9. [o. Verf.] 2010e: Testbericht Internet World http://weblication.de/start/Downloads/Testberichte/Testbericht_InternetWORLD_11_2004.pdf [PDF-Datei] [Stand: 12/2004; Abruf: 27.07.2010]

10. [o. Verf.] 2010f: Weblication CMS mit neuem Release. http://www.contentmanager.de/magazin/news_h4816-print_content-management-system_weblication_cms.html [Stand: 05/2003; Abruf: 27.07.2010]

11. [o. Verf.] 2010g: Voraussetzungen für Weblication. http://whelp.weblication.de/help_4_8_de/guide/installation/installation_cms_pre-requisites.php [Stand:05/2010 ; Abruf: 27.07.2010]

12. [o. Verf.] 2010f: Weblication Benutzerhandbuch http://download.weblication.de/cgi-bin/weblication_cms_handbuch_4_8.pdf?file=weblication_cms_handbuch_4_8.pdf [Stand:2006; Abruf: 17.06.2010]

13. [o. Verf.] 2010g: Administrationsleiste http://whelp.weblication.de/help_4_8_de/interface_adminarea.php [Stand: 25.05.2010; Abruf: 15.07.2010]

14. [o. Verf.] 2010h: Kriterien für CMS. http://www.traum-projekt.com/forum/22-webdesign-allgemein/20194-kriterien-fuer-cms.html [Stand:07.01.2003; Abruf: 15.07.2010]

15. [o. Verf.] 2010i: Vorbereiten für Browse & Edit http://whelp.weblication.de/help_4_8_de/modules/browse-edit/index.php [Stand: 25.05.2010; abruf: 15.07.2010]

16. [o. Verf.] 2010j: Preisliste GRID CMS Enterprise http://info.weblication.de/info/download/kundenmappe.php [Stand:14.06.2010; Abruf: 15.07.2010]